BEI GRIN MACHT SICH IHR WISSEN BEZAHLT

AF139998

- Wir veröffentlichen Ihre Hausarbeit,
  Bachelor- und Masterarbeit

- Ihr eigenes eBook und Buch -
  weltweit in allen wichtigen Shops

- Verdienen Sie an jedem Verkauf

Jetzt bei www.GRIN.com hochladen und kostenlos publizieren

Bibliografische Information der Deutschen Nationalbibliothek:

Die Deutsche Bibliothek verzeichnet diese Publikation in der Deutschen National-
bibliografie; detaillierte bibliografische Daten sind im Internet über http://dnb.d-
nb.de/ abrufbar.

Impressum:

Copyright © 2010 GRIN Verlag, Open Publishing GmbH
Druck und Bindung: Books on Demand GmbH, Norderstedt Germany
ISBN: 9783668558083

Dieses Buch bei GRIN:

http://www.grin.com/de/e-book/376073/goethes-urfaust-am-theater-spezifische-
persoenlichkeitsmerkmale-der-hauptfigur

Lisa Tretow

Goethes Urfaust am Theater. Spezifische Persönlichkeitsmerkmale der Hauptfigur

GRIN Verlag

GRIN - Your knowledge has value

Der GRIN Verlag publiziert seit 1998 wissenschaftliche Arbeiten von Studenten, Hochschullehrern und anderen Akademikern als eBook und gedrucktes Buch. Die Verlagswebsite www.grin.com ist die ideale Plattform zur Veröffentlichung von Hausarbeiten, Abschlussarbeiten, wissenschaftlichen Aufsätzen, Dissertationen und Fachbüchern.

Besuchen Sie uns im Internet:

http://www.grin.com/

http://www.facebook.com/grincom

http://www.twitter.com/grin_com

ALEXANDER - HEGIUS - GYMNASIUM, Ahaus

Schuljahr: 2009/2010

Jahrgangsstufe: 12 I/II

Fach: Leistungskurs Deutsch

Thema des Kurshalbjahres: Epochenumbruch 18./19. Jahrhundert - unter besonderer Berücksichtigung der Entwicklung des Dramas

Vergleichende Darstellung von Goethes Urfaust und einer Theateraufführung desselben unter besonderer Berücksichtigung der Persönlichkeitsmerkmale der Hauptfigur

Name der Schülerin: Lisa Tretow

I. Einleitung

Begründung des Themas

Diese Facharbeit vergleicht die Darstellung von Goethes Urfaust und einer Theateraufführung desselben unter besonderer Berücksichtigung der Persönlichkeitsmerkmale der Hauptfigur.

Dieses Thema habe ich mir ausgesucht, weil mich der Faust von Goethe schon immer sehr interessiert hat und häufig für einige Erläuterungsbeispiele im Deutschunterricht verwendet wurde. So beschloss ich zu recherchieren und wurde auf die Theateraufführung des Urfaustes an den Städtischen Bühnen Münster aufmerksam. Daraufhin las ich den Urfaust sowie den Faust, der Tragödie I. Teil, und informierte meine Fachlehrerin. Während der Deutschunterrichtsstunden erkannte ich Parallelen zu anderen Werken und Autoren, sodass ich meinen Facharbeitsgedanken an den Lerninhalten des Unterrichts anknüpfen konnte.

Schwerpunktmäßig werde ich mich mit den Erkenntnissen aus dem Interview mit dem Faustdarsteller befassen und diese auch in den Vergleich mit dem Prinzen von Homburg sowie dem Bezug zu Johann Wolfgang von Goethe miteinfließen lassen.

II. Hauptteil

1. Inhaltsangaben

1.1 Urfaust

Heinrich Faust ist ein Gelehrter, der alle vier Wissenschaften studiert hat. Er ist unzufrieden und verzweifelt, dass er nicht erkennen kann, was die Welt im Innersten zusammenhält[2]. So beschließt er Magie anzuwenden, in der Hoffnung, den Sinn des Lebens finden zu können. Als ihm das nicht gelingt, will er sich das Leben nehmen[2]. Jedoch wird er von seinem Famulus Wagner gestört, der ihn in ein Gespräch verwickelt. Anschließend tritt Mephistopheles auf und spricht mit einem Studenten, der etwas von ihm über das Studium lernen möchte.

Danach tritt Mephistopheles erneut auf und will Faust das Lebensglück zeigen. Er versucht sein Glück mit Faust in Auerbachs Keller in Leipzig. Doch Faust ist gar nicht

---

[1] s. Quelle 5), im Anhang. S.29.

[2] s. Quelle I, S.387 „Dass ich erkenne, was die Welt/ Im innersten zusammenhält"; S.388 „Warum ein unerklärter Schmerz / Dir alle Lebensregung hemmt", S.400.

2

begeistert und will gehen.[3] Mephistopheles bittet ihn zu bleiben. So verwendet Faust Zur weiteren Belustigung der Gesellen einen Zaubertrick, der durch den Gesellen Siebel misslingt, und die Situation eskaliert. Durch einen Zauber von Mephistopheles gelingt es den beiden, aus der Kneipe zu entfliehen. Daraufhin begegnet Faust Margarethe (Gretchen) das erste Mal und verliebt sich sofort in sie. Gretchen weist ihn jedoch zurück[4]. Faust verlangt sofort von Mephistopheles, ihm Gretchen bis heute Abend als Geliebte zu verschaffen, sonst werde er den Pakt um Mitternacht beenden.

Es gelingt Faust, Gretchen für sich zu gewinnen. Um mit ihr ungestört zu sein, besorgt Mephistopheles für Faust einen Schlaftrunk für Gretchens Mutter. Faust bringt Gretchen dazu, ihrer Mutter den Trunk zu geben und die Mutter stirbt. Gretchen wird in dieser Nacht schwanger.

Es vergehen einige Monate, bis sich Gretchen und Faust wiedersehen. Gretchen hat mittlerweile ein Kind zur Welt gebracht und es sogleich ertränkt. Es war ein uneheliches Kind und die Schande zu groß. So wird sie als Kindsmörderin angeklagt und zum Tode verurteilt. Als Faust von der Not Gretchens erfährt, will er sie mit Mephistopheles Hilfe aus dem Kerker befreien.

Im Kerker ist Faust erschüttert über Gretchens Zustand. Er fleht sie an, mit ihm zu kommen. Gretchen sieht ihre Strafe jedoch als ein gerechtes Urteil Gottes an und entscheidet sich für den Tod.

1.2 Prinz Friedrich von Homburg

Der Prinz Friedrich von Homburg schlafwandelt in der Nacht vor der großen Schlacht bei Fehrbellin. Er soll als Reiterführer mit seinem Heer in die Schlacht ziehen und träumt vom Sieg. Dabei wird er vom Kurfürsten, der Prinzessin Natalie von Oranien und anderen entdeckt. Der Kurfürst erlaubt sich einen Scherz mit ihm. Darauf entreißt der Prinz von Homburg seiner Geliebten Natalie einen Handschuh. Als er danach erwacht und den Handschuh vorfindet, ist er verwirrt. Deshalb überhört er den wichtigen Befehl des Kriegsrates, dass er den Feind erst angreifen soll, wenn es ausdrücklich befohlen wird. Er findet heraus, dass der Handschuh Natalie gehört und lässt ihn durch eine List unauffällig zu Boden fallen, damit sie ihn finden kann.

Als sich der Prinz von Homburg in der Schlacht befindet, glaubt er, dass nun der

---

[3] s. Quelle 2), im Anhang. S.23, Z.395-397.

[4] s. Quelle I, S.407: „Binn weder Fräulein weder schön, / Kann ohngeleit nach Hause gehen".

3

richtige Zeitpunkt gekommen ist, um anzugreifen, ohne den ausdrücklichen Befehl dazu erteilt bekommen zu haben. Er erkämpft damit den Sieg über Schweden.

Als der Kurfürst davon erfährt, lässt er den Prinz von Homburg zum Tode verurteilen, da dieser gegen das Kriegsgesetz verstoßen hat. Trotzdem bleibt er sehr optimistisch, weil er nicht daran glaubt zum Tode verurteilt zu werden. Doch dann wird ihm mitgeteilt, dass das Todesurteil bereits vom Kurfürsten unterschrieben wurde. Daraufhin entwickelt er eine unheldenhafte Angst gegenüber dem Todesurteil. Obrist Kottwitz bittet um Gnade für den Prinzen, wird jedoch abgelehnt. Durch ein Gespräch mit der Prinzessin Natalie erhofft sich der Prinz von Homburg eine letzte Chance. Natalie soll bei dem Kurfürsten um Gnade für ihn bitten. Der Kurfürst willigt ein. Er begnadigt ihn nur, wenn der Prinz von Homburg selbst der Meinung ist, dass sein Urteil zu Unrecht gefällt worden sei. Der Prinz von Homburg ist unzufrieden mit dieser Begnadigung und sein Heldengeist erwacht wieder. Er sieht das Todesurteil als gerechtfertigt an und will dem Kriegsgesetz, selbst als Prinz, treu bleiben, so wie es jeder andere Soldat auch getan hätte. In der Nacht vor seinem Todesurteil versucht der Graf von Hohenzollern auf den Kurfürsten einzuwirken und erinnert ihn an das Schlafwandeln des Prinzen.

Als der Prinz mit verbundenen Augen zu seinem Hinrichtungsort geführt wird, wird er überrascht. Der Kurfürst zerreißt das Todesurteil. Stranz, ein Offizier, nimmt ihm die Augenbinde ab und dem Prinzen wird ein Lorbeerkranz sowie eine goldene Kette, wie in seinem Traum, überreicht. Der Prinz fällt in Ohnmacht. Erst durch den feierlichen Kanonendonner erwacht er wieder.

2. Vergleich zu verschiedenen Werken

2.1 Der Charakter Fausts in Bezug zu einer Theateraufführung

Heinrich Faust ist ein Gelehrter, der alle vier Wissenschaften, „Philosophey, / Medizin und Juristerey / Und leider auch die Theologie"[5] studiert hat. Jedoch „war er nicht mit dem Wissen zufrieden"[6]. Er ist verzweifelt darüber, dass er nicht erkennen kann, „was die Welt / Im innersten zusammenhält"[5] und wird deshalb von einer ständigen „Unruhe getrieben"[6]. Dieser Erkenntnisdrang „führt dazu, dass er das Leben verachtet"[6] und einen Suizidversuch beginnt, der scheitert.

In der Charakteristik Fausts lassen sich viele Parallelen aus verschiedenen Epochen

---

[5] s. Quelle I, S.387.
[6] s. Interview im Anhang. S.17, Z.94 f.; S.19, Z.197-199.

wiederfinden.

Faust verkörpert in erster Linie die Elemente des Sturm und Drang. Er ist ein Genie, das sich durch sein extremes Streben die Welt mit ihren Regeln und Gesetzen selbst erklären will, welche auf der Natur beruhen[7]. Somit verkörpert er das Element des Ursprünglichen, was sich auf die damaligen Naturwissenschaften bezieht. Deswegen „fürchtet er sich nicht vor dem Überschreiten der Grenzen der menschlichen Erkenntnis"[8]. Dabei überschneidet sich hier die Epoche des Sturm und Drang mit der Literaturepoche der Renaissance in der Person Fausts. In dieser Epoche tritt die Bildung in den Vordergrund, aber auch der Mensch als Individuum selbst. So bedeutet Wissen für Faust auch gleich Macht. Dies ist ein Merkmal der Aufklärung. Man muss es aus der Sicht von Faust so sehen, dass er Wissen und Macht mit der göttlichen Ebene auf eine Stufe stellt und somit den Slogan „Wissen ist Macht", von Francis Bacon[9] anders verkörpert. Schließlich denkt Faust, dass er allwissend sei (z. B. bei dem Gespräch mit seinem Famulus bzw. Assistenten Wagner[10]) und sich deshalb als ein „Ebenbild der Gottheit"[10] bezeichnet. Dadurch kommt seine Überheblichkeit zutage. Diese stellt sich im Anfangsakt „Nacht"[10] in Euphorie dar, welche Faust dann schnell in ein seelisches Tief reißt[11]. So steht das „hochgewölbte enge gothische Zimmer"[10] im Widerspruch zu Faust. Der Raum verkörpert höchste Kunstsprüche, welche Faust durch seine Erkenntnisbeschränkungen nicht auszufüllen vermag. Jedoch wird durch die Enge des Zimmers sein eingeschränkter Blickwinkel der Erkenntnis verdeutlicht. Trotzdem lässt ihn der Raum nicht als Wissenschaftler erscheinen[8]. Der Raum ist nicht der typische Arbeitsbereich eines Wissenschaftlers, sondern hat durch die Gotik der deutschen Baukunst eher einen kirchlichen Charakter[8], der höhere Mächte, zu denen Faust nun mal nicht gehört, symbolisiert. Faust selbst setzt sich zu hohe Ziele, die er nicht erreichen kann, weil er „nur" ein Mensch ist[10]. Deshalb wird hier der extreme Zwiespalt deutlich, in dem sich Faust befindet und der als unlösbar erscheint. Einerseits ist er von sich und seinem Wissen voll und ganz überzeugt, aber sein Gefühl sagt ihm, dass er nicht alles wissen kann und es ihm an Lebensglück mangelt. Dadurch, dass er ein irdischer Mensch ist, ist sein Erkenntnisdrang sowie die Aufnahmekapazität seines Geistes beschränkt und nicht allmächtig. Demnach verkörpert er auch den Gedanken der Klassik, dass das Ideal

---

[7] s. Quelle 6), im Anhang. S.29, Z.713-717.

[8] s. Quelle III, S.115; 86.

[9] s. Quelle 10), im Anhang. S.34, Z.982 f.

[10] s. Quelle I, S.392-394; 391;387; 391: „GEIST. Du gleichst dem Geist, den du begreifst, / Nicht mir".

[11] s. Quelle 16), im Anhang. S.40, Z.1297-1299.

und somit die Natur und ihre Naturwissenschaften bereits die Wirklichkeit seien[12]. Das weltliche Leben und dessen Genüsse werden ausgeschlossen. Es kommen Faust Zweifel, weil er seinen persönlichen Sinn des Lebens aus den Augen verloren hat. All seine Studien erscheinen ihm auf einmal sinnlos und er sieht sie als verlorene Zeit seines Lebens an. Er fühlt sich nicht vollkommen, was ihn verletzlich und zugleich gefühlskalt und einsam macht. Das Element der „In-sich-Gekehrtheit"[13] lässt sich wiederum auf die Epoche der Empfindsamkeit zurückführen. Faust ist stets „immer ein rationaler Denker gewesen"[14], der sich seiner Gefühle nie wirklich bewusst war, da er ebenfalls jede Form von weltlichen Genüssen ablehnte[15].

Mit dieser Exopsition[16] beginnt sein Wandel, was ebenfalls ein Element der Klassik ist[12]. Außerdem erklärt es auch, warum er den Pakt mit Mephistopheles eingegangen ist, den sich der Leser des Urfaustes jedoch nur selbst erschließen kann[16]. Goethe erwähnte ihn erst eindeutig im „Faust, der Tragödie I. Teil"[17]. Faust wollte sich über den Sinn des Lebens deutlich werden, weil er ihn nicht dauerhaft in seinen Lehrbüchern und Forschungen fand.

Von der „Niederdeutschen Bühne an den Städtischen Bühnen Münster e. V." ist der Wandel Fausts durch einfache Kulissen und Requisiten betont worden. Dadurch sollte erreicht werden, dass „sich das Publikum auf die Handlung fokussiert „und sich nicht von enorm aufwendigen Hintergrundkulissen ablenken lässt"[14]. Zudem wurden „Übergangs- und somit Erläuterungsszenen" eingebaut, damit das Stück „volkstümlichere Züge bekommt"[14].

Vor dem Eingangsmonolog wurde für das Publikum eine Erläuterungsszene eröffnet. Diese beinhaltete Mephistopheles als „eine Art Moderator", der sich in der Anfangs- und Schlussszene des Stücks in „einer Art Puppentheater"[14] befand. Damit wollte man den Eingangsmonolog einleiten. Das Puppentheater spielt dabei eine zentrale Rolle in Goethes sowie in anderen Faustvariationen[18]. Darauf wollte man sich an der Niederdeutschen Bühne beziehen.

Das Studierzimmer Fausts steht nicht im Widerspruch zu seiner Persönlichkeit. Durch das trübe Licht auf der Bühne wollte man die selbstzerstörerische Stimmung Fausts für

---

[12] s. Quelle 7), im Anhang. S.32, Z.863-866; S.33, Z.890 f. „Veränderung des Einzelnen".
[13] s. Quelle 12), im Anhang. S.37, Z.1111 f.
[14] s. Interview im Anhang. S.20, Z.218-221; S.21, Z.269 f.; S.17, Z.84-87; S.69; 74 f.
[15] s. Quelle 16), im Anhang. S.41, Z.1302 f.
[16] s. Quelle III, S.45; 83.
[17] s. Quelle I, S.51 ff.
[18] s. Themenpunkt 3.1, S.11.

das Publikum untermalen[19].

Der Kleidungsstil Fausts unterstreicht wiederum Goethes Absicht in dem Urfaust. Der Darsteller (Ulrich Tarner) von Faust trug während des Stücks immer das selbe. Nur die Weise, wie der Darsteller die Kleidung trug, wurde verändert. Zuerst sah er verlottert aus, weil Faust sich nur auf seinen Erkenntnisdrang fokussierte und auf andere Dinge nicht allzu viel Wert legte. Durch den Pakt mit Mephistopheles und durch die Begegnung mit Gretchen fängt er an, Wert auf ein gepflegtes Äußeres zu legen[19]. Damit wird verdeutlicht, dass er an neuem Lebenswillen gewinnt und Zutritt zu seiner Gefühlswelt findet. Hier beginnt seine positive Veränderung. Trotzdem zieht dieser Wandel gleichzeitig auch negative Seiten mit sich, weil sich in der Person Fausts das Gute und Böse im Menschen vermischen[20].

2.1.1 Das Verhältnis zwischen Faust und Gretchen

Faust wird durch Gretchen aus seinem seelischen Tief gerettet und lernt die leichte Lebensart durch Mephistopheles kennen, was aber erst durch Gretchen möglich ist. Mephistopheles versucht zwar sein Glück mit ihm in Auerbachs Keller, aber Faust sehnt sich nach einem tiefsinnigeren Wohlbefinden. Dadurch „gerät (er) zweimal ins Schwanken, ob er der Liebe Raum geben oder nur die Lust genießen soll"[20]. Dies zeigt sich bei Faust darin, dass er „aufbrausend und impulsiv"[19] sowie rücksichtslos gegenüber Gretchen wird.

Gretchen „ist erst 14 Jahre alt und Faust könnte schon fast ihr Vater bzw. ihr Lehrer"[19] sein.

Auf der Bühne wurde hingegen eine um ein halbes Jahr ältere Darstellerin (Margarethe Köckemann) als der Faustdarsteller gewählt[19], was auch aus der Notwendigkeit heraus geschah.

Durch den Altersunterschied von Gretchen (die je nach Belieben auch Margarethe in dem Urfaust genannt wird) und Faust wird die Epoche des Sturm und Drang deutlich.

Faust fällt es leicht, Gretchen

> „...durch sein Wissen, seine Versprechungen und seine Umgangsformen zu gewinnen. Gretchen fühlt und erkennt ihre soziale und geistige Bescheidenheit gegenüber Faust und wird deshalb schnell sein Opfer."[20]

Gretchen ist das Gegenbild von Faust, weil sie „sehr religiös, im Gegensatz zu Faust"[19]

---

[19] s. Interview im Anhang. S.21, Z.266-268; S.20, Z.210-215, 218; S.18, Z.112 f., 113 f., 128 f.
[20] s. Quelle III, S.47; 88; 92.

ist. Es treffen „die große Welt des Wissens und eine kleinstädtisch geprägte von Familieninteressen und Ruhe"[21] orientierte Welt aufeinander. Größer könnte der Unterschied kaum sein. Faust verliebt sich sofort in Gretchen, als diese ihn bei ihrer ersten Begegnung mit den Worten zurückweist: „Binn weder Fräulein weder schön, / Kann ohngeleit nach Hause gehn"[22]. So wirkt sie auch auf der Bühne selbstbewusst und birgt zugleich auch ein Geheimnis in sich, was sie begehrenswert macht. Von diesem Auftritt an, wird

> „die Differenz zwischen beiden immer größer, Fausts Welt immer weiter, Gretchens Welt immer enger, um im Gefängnis zu enden"[21].

Zunächst muss sich Faust damit zufrieden geben, in Gretchens Zimmer mithilfe von Mephistopheles zu gelangen. Faust betritt das „kleine reinliche Zimmer"[22] und genießt es, dort zu sein. Er ist beeindruckt, welche Fülle in der Armut steckt und welche Seligkeit dieser Kerker mit sich bringt[22]. Durch die Bezeichnung „Kercker"[22] wird hier bereits schon Gretchens unaufhaltsames Ende angedeutet.

In dem Bühnenstück wurde dieser Eindruck dadurch hervorgehoben, dass der Faustdarsteller „eine Minute lang auf dem Stuhl" verharren und diesen Moment „ohne Text voll und ganz ausspielen"[23]. sollte. Durch das karge Bühnenbild wurde zusätzlich die Armut verdeutlicht und durch ein helles Licht[23] wurden die Geborgenheit und das Wohlbefinden unterstrichen. Die Bezeichnung des Kerkers wurde hingegen nicht weiter ausgespielt bzw. im Bühnenbild umgesetzt.

Faust findet immer mehr Gefallen an Gretchen und sieht sie anfangs „nur als Lustobjekt"[21] an. Faust wird zum leidenschaftlichen Genie der Epoche der Aufklärung[24]. Seine Lust lässt ihn dabei zu unmenschlichen Mitteln greifen. Um eine ungestörte Nacht mit Gretchen zu verbringen, übergibt er Gretchen die vermeintlichen Schlaftropfen für ihre Mutter[22], die daraufhin stirbt. Somit öffnet sich Faust zwar den weltlichen Genüssen, aber anstelle seiner Vernunft tritt seine grenzenlose Leidenschaft. Er denkt nicht über die Konsequenzen und seelischen Folgen, besonders für Gretchen, nach. Als Gretchens Mutter stirbt und sie ein uneheliches Kind von Faust bekommt, ist die Schande zu groß. Gretchen wird zur Kindsmörderin und ertränkt ihr Kind[22].

Die Kindsmörderin gehört dabei zu den „Lieblingsfiguren des Sturm und Drang"[21] und symbolisiert somit das weiblich unterdrückte Individuum in einer männlich

---

[21] s. Quelle III, S.92; 118; 90.
[22] s. Quelle I, S.407; 410; 433; 446.
[23] s. Interview im Anhang. S.18, Z.148-153; S.21, Z.265-268.
[24] s. Quelle 10), im Anhang. S.35, Z.998-1001.

dominierenden Gesellschaft[25]. Die Sympathie liegt eindeutig auf Gretchens Seite, weil sie von Faust immer mehr ins „persönliche Verderben"[26] getrieben wird. Von den Lesern sowie vom Publikum wird sie dadurch als Opfer wahrgenommen und die Leser/Zuschauer können sich besser mit ihr identifizieren[25]. So erscheint ihr vorhersehbarer Tod (als Konsequenz ihrer Straftat) als eine Erlösung[25]. Faust erkennt erst die einzig wahre Liebe, als es für Gretchen bereits schon zu spät ist, weshalb er in der Kerkerszene „völlig entsetzt"[26] über ihren Zustand ist. Somit erfolgt für Faust in der letzten Szene scheinbar die Erkenntnis, welche Konsequenzen sein Handeln trägt, weil er mit letzter Kraft versucht Gretchen zu retten. Diese sieht jedoch ihren Tod als Rettung und Gerechtigkeit Gottes an[27].

2.2 Vergleich der Persönlichkeitsmerkmale von Faust und dem Prinzen Friedrich von Homburg

Faust und der Prinz Friedrich von Homburg (von Heinrich von Kleist) weisen ähnliche Persönlichkeitsmerkmale auf.

Gleich zu Beginn des ersten Auftritts sitzt Faust in einem für einen Wissenschaftler untypischen Raum[28]. Der Prinz von Homburg erscheint ebenfalls als untypisch, weil er schlafwandelt und „mit bloßem Haupt und offner Brust, halb wachend, halb schlafend, unter einer Eiche"[29] sitzt. Beide verkörpern vorerst die ideale Figur der Sturm-und-Drang-Zeit[30], welche sich nachher mit Merkmalen anderer Epochen vermischen. So verkörpert z. B. der Prinz von Homburg zugleich auch die bürgerlichen Tugenden und Vorstellungen als Adeliger zur Zeit der Aufklärung und besitzt wiederum Makel, die den sittlichen Menschen auszeichnen. Somit lässt sich der Prinz von Homburg auch der Epoche der Empfindsamkeit[31] zuordnen, die eine Abzweigung der Aufklärung ist. Durch die Verkörperung der Epoche wird der Prinz von Homburg menschlicher, was zur Zeit Kleists eine sehr kritische bzw. gewagte Darstellung war. Die Adeligen (zu Kleists Zeit) wurden normalerweise als „perfekt" bzw. sehr „tugendhaft" dargestellt. Somit wird der Prinz von Homburg zugleich auch ein Gegenbild der Ideale.

Der Prinz von Homburg sehnt sich, wie auch Faust, nach einer anderen Existenz in

---

[25] s. Quelle III, S.118; 79; 93; 115
[26] s. Interview im Anhang, S.19, Z.165 f.; S.20, Z.229 f.
[27] s. Quelle I, S.447.
[28] wie bereits im Themenpunkt 2.1, S.3 ff. erklärt.
[29] s. Quelle II, S.3 (Regieanweisung oben).
[30] s. Quelle IV, S.53.
[31] s. Quelle 11), im Anhang. S.36, 1066 ff.

höheren Sphären[32]. Beide sind der Ansicht, dass sie nur diese höhere Existenzebene durch den Tod erreichen können, weil beide mit ihrem Leben unzufrieden sind. Faust will Selbstmord begehen, wird jedoch daran gehindert. Der Prinz von Homburg findet sich nach seinem positiven Wandel[33] mit dem Todesurteil ab und erhofft sich dadurch eine Errettung aus seinem streng festgelegten Leben, weil er sein Leben bereits schon von Anfang an verachtet. Dies lässt sich daran erkennen, dass er sich in Traumwelten flüchtet und schlafwandelt. Doch auch er wird durch die überraschende Begnadigung vom Tod abgehalten. Durch seine Ohnmacht[33] symbolisiert er, dass er nur noch mehr zwischen der realen und seiner Traumwelt hin- und hergerissen ist.

Durch den Tod glauben Faust und der Prinz von Homburg, das Lebensglück finden und somit erzwingen zu können[32]. Nur mit dem wesentlichen Unterschied, dass der Tod des Prinzen von Homburg fatale Folgen für die Gesellschaft hätte, weil er eine wichtige Verpflichtung gegenüber dem Vaterland hat. Bei Faust hingegen hätte der Selbstmord keine fatalen Folgen gehabt, weil er nur ein bürgerlicher Gelehrter ist und keine große Verantwortung gegenüber dem Vaterland hat[34]. Die Begründung dafür, dass sich beide für den Tod entscheiden, lässt sich in ihrer Identitätskrise finden. Diese erscheint aus ihrer Sicht als unlösbar. Deshalb verfallen sie der Verzweiflung. Sie haben zu hohe Wünsche bzw. zu hohe Ansprüche an sich selbst, die sie sich nicht erfüllen können. Somit fallen ihre Illusionen wie ein Kartenhaus ineinander zusammen und reißen sie in ein seelisches Tief. Je höher die Ansprüche sind, desto tiefer ist der Fall. Deutlich wird diese Identitätskrise auch dadurch, dass man weder Faust noch den Prinzen von Homburg mit ihrem Vornamen anspricht[32]. Faust wird erst in dem letzten Auftritt, im Kerker, oft bei seinem Voramen von Gretchen genannt[35], so wie es auch an der Niederdeutschen Bühne Münster deutlich dargestellt wurde. Gretchens letzten beiden Worte auf der Bühne lauten: „Heinrich! Heinrich!"[36]. Dadurch gelangt man zu der Schlussfolgerung, dass Faust jetzt seine Identitätskrise überwunden und verstanden hat, was wahre Liebe ist, auch wenn es zu spät ist. Er wird nun als emotionaler Mensch wahrgenommen, der in Gretchen sein wahres Lebensglück gefunden hat. Auch Homburgs Sehnsüchte nach Liebe werden durch die Prinzessin Natalie von Oranien erfüllt. Sie ist jedoch nicht diejenige, die seinen positiven Wandel hervorruft, stattdessen

---

[32] s. Quelle IV, S.54, 53.
[33] s. Quelle II, S.57, V.1351 ff.; S.76, Z.1850 ff.
[34] s. Quelle III, S.117.
[35] s. Quelle I, z. B. S.447: „Leb wohl, Heinrich".
[36] s. Interview im Anhang. S.20, Z.250 f.

verneint der Prinz die Liebe zu Natalie[37]. Er will der Heiratspolitik und somit seinem Vaterland nicht mit seiner Verlobung im Wege stehen. Der positive Wandel wird erst durch die scheinbare Begnadigung des Kurfürsten hervorgerufen, der sehen will, „wie weit er's treibt"[37], da der Prinz dem Kurfürsten indirekt als Versuchsobjekt dient. Erst danach rappelt er sich auf und lässt die Verzweiflung hinter sich, weil er eine indirekte Ablehnung gegenüber dem Kurfürsten hat[37]. Er will entweder nur durch ihn oder gar nicht begnadigt werden und es nicht selbst bestimmen. Somit scheint der Prinz von Homburg gegenüber dem Kurfürsten kurzfristitg zu dominieren. Genauso ist es auch bei der Faustinszenierung auf der Bühne. Schließlich glaubt Faust,

> „er sei der Boss und nimmt keine Rücksicht auf Mephisto, z. B. als dieser ihm Schmuck für Gretchen besorgen soll. Jedoch ist Faust nicht der Boss, sondern meint es in manchen Szenen nur kurzfristig zu sein"[38].

Letztendlich sitzen jedoch Mephistopheles (weil er höhere Mächte und Fähigkeiten besitzt) und der Kurfürst (aufgrund seines Standes bei Gericht) am längeren Hebel. Das bedeutet also, dass Faust genauso abhängig von Mephistopheles, wie der Prinz von Homburg vom Kurfürsten ist.

Faust wird hingegen durch Gretchen immer mehr von seinen leidenschaftlichen Trieben beflügelt, die ihn rücksichtslos, eitel, impulsiv und arrogant werden lassen. Faust kostet die Genüsse seines neu gefundenen Lebensglücks über legale Grenzen hinaus aus[39]. Trotzdem verneint er sich im Gegensatz zu dem Prinzen von Homburg nicht. Mephistopheles' Versuche, ihn zu einer eigenen Verneinung zu bringen, scheitern, der Kufürst erreicht hingegen sein Ziel, dass der Prinz sich verneint.

Das Streben nach Erkenntnis und Leidenschaft lässt bei beiden die Vernunft in den Hintergrund treten, sodass Faust nicht die Konsequenzen für Gretchen und der Prinz von Homburg nicht die Konsequenzen für seine Krieger bedenkt. Bei dem Prinzen von Homburg lässt es sich dadurch erkennen, dass er durch das „Streben nach Ruhm in der Schlacht bestärkt (wird), was er zunehmend aggressiv zum Ausdruck bringt"[40]. Deswegen gleichen sich die Absichten des Pakts von Mephistopheles und Faust mit dem unüberlegten, jedoch erfolgreichen Angriff bei der Schlacht bei Fehrbellin. Beide erreichen vorerst ihre Ziele mit ihrem Handeln. Somit sind diese Situationen die Expositionen, die den weiteren Konfliktverlauf beider Lektüren bestimmen. So gleichen

---

[37] s. Quelle II, S.41, V.924 ff.; S.5, V.64; z.B. S.29, V.617: „Nein,sag-! Wer bringt mir-?", lässt auf eine unbewusste Ablehnung schließen.
[38] s. Interview im Anhang. S.17 f., Z.101-106.
[39] wie bereits in Themenpunkt 2.1.1, S.6 ff. erläutert.
[40] s. Quelle IV, S.54.

sich auch die seelischen Folgen für Gretchen, die durch Faust vorangetrieben werden, mit der Verurteilung des Prinzen von Homburg. Dieser trägt ebenfalls seelische Folgen, wie z. B. das Gefühl der Einsamkeit davon, auch wenn sein Ende gut ausgeht. Dies steht wiederum im Gegensatz zu dem Ende der Gretchentragödie.

3.Bezug zu dem Autor

3.1 Prägungen und persönliche Eigenschaften Goethes im Urfaust

Im Jahre 1775 erscheint der Urfaust[41] von Johann Wolfgang von Goethe (* 28. August 1749 in Frankfurt am Main; † 22. März 1832 in Weimar[41]), mit dessen Arbeit er zuvor im Jahre 1773 begonnen hatte[41]. Schon früh hatte Goethe das Volksbuch des Dr. Faust gekannt und war mit dem Inhalt vertraut[41]. Dabei ließ er eigene Charakterzüge und Erfahrungen aus seinem Leben mit in den Urfaust einfließen, welche auch in seinen weiteren Faustvariationen zum Ausdruck kommen.

Im Jahre 1753 bekommt der junge vierjährige Goethe ein Puppentheater von seiner Großmutter geschenkt, welches für seine späteren Werke von besonderer Bedeutung wird[41]. Sein Interesse wird im Jahre 1770 erweckt, als er erneut die Bekanntschaft mit einem Puppenspiel macht:

> „Die bedeutende Puppenspielfabel des andern (Faust, R. B.) klang und summte gar vieltönig in mir wider. Auch ich hatte mich in allem Wissen umhergetrieben und war früh genug auf die Eitelkeit desselben hingewiesen worden"[41].

Die Puppenspiele befassten sich mit dem Fauststoff und begannen dabei immer mit einem Monolog Fausts[41], wie auch bei Goethes Urfaust. An den Niederdeutschen Bühnen Münster e. V. hatte man dessen Bedeutung durch die geänderte und belustigerende Anfangs- und Schlussszene hervorgehoben, damit die Zuschauer besser Notiz davon nahmen und sie es indirekt mit dem Fauststoff in Verbindung bringen konnten[42].

In dem oben genannten Zitat wird Goethes Erkenntnisdrang deutlich und dass er ebenfalls um sein Wissen wusste sowie das Gefühl des Umhergetriebenseins hatte. Diese Charakterzüge lassen sich auch bei Faust wiederfinden[43]. Demnach sah

> „Goethe seinen Faust nicht als überhöhte nationale Mythenfigur an, sondern als widersprüchlichen Menschen, der ebenso nach Erkenntnis drängte wie er Vernichtung brachte"[41].

---

[41] s. Quelle III, S.6; 9-14; 22; 30; 9; 25; 113.
[42] s. Interview im Anhang. S.17, Z.64 ff.
[43] s. Themenpunkt 2.1, S.3 ff.

So beschäftigte sich Goethe „im 13. Buch von ‚Dichtung und Wahrheit'"[44] mit dem Thema des Selbstmordes. Darin „beschreibt Goethe seine Überlegungen zum Selbstmord"[44] sowie verschiedene Arten, wie man sich selbst umbringen kann. Diese Selbstmordgedanken bzw. das Befassen mit dem Thema Selbstmord sind typisch für die Epoche des Sturm und Drang.

Im Jahre 1772 befasst sich Goethe mit der „Gotik zur deutschen Baukunst", die für ihn „ebenso national wie natürlich"[44] war. Deswegen befindet sich Faust in dem ersten Auftritt „Nacht" in einem „hochgewölbten engen ghotischen Zimmer"[45].

Anschließend lassen sich der erste Auftritt des Studenten[46] sowie der zweite Auftritt in „Auerbachs Keller in Leipzig"[46] auf seine Studentenzeit in Leipzig ab 1765 zurückführen [44]. Goethe hatte selbst zu seiner Zeit seinen künftigen Lehrer durch einen Antrittsbesuch bei ihm Zuhause überrascht, weshalb dieser ihm eine „gewaltige Strafpredigt"[47] hielt. So tritt auch der Student ganz wissbegierig und unerwartet bei Mephistopheles vor der Haustür auf und dieser belehrt ihn daraufhin. Mephistopheles trug dabei einen Schlafrock und hatte eine große Perücke auf[46]. Goethe ließ in dieser Darstellung seinen Besuch bei Gottsched miteinfließen, der „in einem gründamastnen, mit rotem Taft gefütterten Schlafrock zur Türe herein"[47] kam. Der wesentliche Unterschied lag darin, dass Gottsched seine Perücke, im Gegensatz zu Mephistopheles vergessen hatte.

In die Beziehung zwischen Faust und Gretchen flossen die meisten Eigenschaften und Erlebnisse Goethes mit ein. Als Goethe fünfzehn Jahre alt war, lernte er ein Gretchen kennen, in das er sich verliebte[44]. Sie war seine erste große Liebe und es war zugleich eine Liebe, die nicht sein durfte. Deshalb kam es dazu, dass Gretchen der Stadt verwiesen wurde und Goethe sich einfach damit abfand[47]. So findet sich auch Faust damit ab, Gretchen für eine unbestimmte Zeit nicht zu sehen. Dadurch tritt die gefühlskalte Seite von Goethe sowie von Faust ebenfalls deutlich hervor. Nur Goethe musste über diese gefühlskalte Seite auch verfügen, weil er Jurist war. So wurde er

„Zeuge eines Prozesses gegen die Kindsmörderin Susanna Margaretha Brandt, die im Oktober 1771 zum Tode verurteilt und 1772 enthauptet wurde"[44.]

Außerdem führte Goethe die Kindsmörderin Anna Catharina Höhn als Opfer der gesellschaftlichen Zustände vor und befürwortete ihre Todesstrafe gefühlskalt und nur

---

[44] s. Quelle III, S.117; 86; 10; 30; 92; 31.
[45] wie bereits im Themenpunkt 2.1, S.3 ff. erläutert und vgl. Quelle I, S.387 ff., 400.
[46] s. Quelle I, S.387; 394 ff.; 400 ff.; 394.
[47] s. Quelle 17), im Anhang. S.43, Z.1449 f.; S.44, Z.1461 ff.; S.43, Z.1428 ff.

juristisch[48]. Von Goethes poetischer Seite aus befürwortete er die Todesstrafe nicht. Deshalb lagen seine Sympathien im Urfaust eindeutig bei Gretchen[48]. Er wollte, dass der Leser sich mit ihr identifizieren kann und die Ursachen für ihr Handeln erkennt, welche sie zum Opfer und nicht zur Täterin machten.

Dadurch, dass seine Sympathien bei Gretchen lagen, verarbeitete er seine Schuldgefühle „gegenüber der Sesenheimer Pfarrerstochter Friederike Brion, die er ohne Begründung und ohne Abschied im August 1771 verlassen hatte"[48].

Schließlich „hatte Goethe einen enormen Liebesdrang und daher mehrere Frauen"[49]. So befand sich Goethe in einem dauerhaften Konflikt zwischen Erkenntnisdrang und Leidenschaft, wie auch Faust. Jedoch entlastet sich Goethe bereits schon im Urfaust, indem er aus der Sichtweise Fausts dem Teufel die Schuld für Gretchens Verderben gab[48]. Mephistopheles besitzt alleine schon durch die Bezeichnung des Teufels keinerlei Sympathien und eignet sich als Sündenbock.

III. Schluss

4.1 Fazit

Durch meine Facharbeit wird deutlich, wie unausschöpflich Goethes Urfaust ist und dass die fiktive Faustfigur wohl zu den berühmtesten literarischen Figuren überhaupt gehört. Der Urfaust durchwandelt eine Vielfalt von Epochen und er wirft immer wieder neue Fragen auf und lässt sie ebenso unbeantwortet im Raum stehen. So lassen sich auch viele persönliche Interessen und Eigenschaften Goethes in seinem Werk wiederfinden. Der Urfaust wird zum Spielplatz zahlreicher Interpretationen. Dies macht das Werk von Johann Wolfgang von Goethe zu einem bemerkenswerten Stück, welches auch noch auf den Theaterbühnen der heutigen Zeit seine Anerkennung findet. Schließlich ist zu betonen, dass das Werk auf einem wahren Fall des Doktor Johannes Faust beruht. Dieser Stoff wird seit etwa 500 Jahren immer wieder neu aufgearbeitet, weshalb es zahlreiche Faustvariationen gibt. Somit wird der Faust zugleich auch zu einem Spiegel der Geschichte, was für den Leser eine Zeitreise durch die Epochen bedeutet. Das Interesse des Lesers wird dadurch geweckt, da es sich nicht um eine trockene Geschichtsquelle handelt. Der Urfaust birgt eine zeitlose Aktualität in sich.

Auch Gretchen spielt eine zentrale Rolle in dem Urfaust. Ihre Tragödie verläuft ab der Szene „Straße" im Anschluss zu der Gelehrtentragödie. Faust bleibt angesehen, aber er

---

[48] s. Quelle III, S.118 f.; 30ff.; 90.
[49] s. Interview im Anhang. S.17, Z.96-99.

wird zugleich auch verachtet. Durch Fausts Einfluss wird Gretchen zum Opfer und schließlich zur Kindsmörderin. Sie ist in sich ein widersprüchliches weibliches Wesen. Somit gewinnt Gretchen die Herzen der Leser[50] sowie der Zuschauer, auch wenn Faust populärer bleibt als sie. Es wird also deutlich, dass die fiktive Faustfigur zwar das Ansehen und die Anerkennung der Leser sowie der Zuschauer hat, aber die Sympathien liegen eindeutig auf Gretchens Seite.

Der Prinz Friedrich von Homburg von Heinrich von Kleist verkörpert ebenfalls mehrere Ideale einiger Epochen und wird zugleich zu deren Gegenbild. Faust und der Prinz Friedrich von Homburg durchwandeln beide ein Wechselbad der Gefühle, woran die Liebe nicht ganz unschuldig ist. Von daher lassen sich beide fiktive Figuren gut miteinander vergleichen. So wird auch der Prinz Friedrich von Homburg zu einem Spiegel der Geschichte, wenn auch nicht so umfassend wie der Urfaust. Heute wird dieses Stück ebenfalls noch auf zahlreichen Theaterbühnen aufgeführt und erscheint in vielen Neuversionen. Trotzdem wird es wohl im Vergleich zum Urfaust nicht dieselbe Popularität erfahren wie zu Lebzeiten von Kleist und Goethe.

---

[50] s. Quelle 18), im Anhang. S.44, Z.1486 f.

6.1 Interview mit dem Darsteller von Faust

Mittwoch, den 11. November 2009   5
Theater: Niederdeutsche Bühne an den Städtischen Bühnen Münster e.V.
Darsteller: Ulrich Tarner

1. Interview:

        10

1. Wann wurde das Stück auf den Städtischen Bühnen Münster aufgeführt?
- Das Stück wurde im Jahr 2006/2007 aufgeführt und die Premiere war am
  15. Oktober 2006. Hinzufügen muss ich aber noch, dass es auf
  Niederdeutsch war.

2. Wurden in dem Stück nur der Urfaust oder auch Elemente des Faust I   15
behandelt?
- Es wurde nur der Urfaust bzw. der erweiterte Faust aufgeführt. Somit
  also nicht „Faust der Tragödie I. Teil". Es handelt sich jedoch um einen
  erweiterten Faust, weil wir Elemente zur Verdeutlichung bzw.
  Erklärungen für das Publikum einbauen mussten. Diese hätten sonst   20
  Probleme gehabt, das Stück zu verstehen.

3. Wie kamen Sie dazu in dem Theaterstück mitzuspielen?
- Seit 2003 bin ich in der Theatergruppe/an der Niederdeutschen Bühne
  und ich dachte, dass mich der Regisseur fragen würde, ob ich den ersten
  Studenten in dem Stück spielen möchte. Dann sollte ich jedoch („durch   25
  die Mitgliedschaft im Theater) den Faust besetzen.

4. Wie haben Sie sich darauf vorbereitet?
- Zuerst habe ich das Buch bzw. das Stück gelesen und den
  Eingangsmonolog bearbeitet. Danach sah ich mir die Aufführung in
  Hamburg (auf DVD) von Gustav Gründgens an. Schließlich lernte ich   30
  meinen Text.

5. Wie haben Sie sich mit dem Faust identifizieren können?
- (Lacht.) Zugegeben fiel es mir schwer, mich mit dem Faust zu
  identifizieren, weil dieser im kompletten Gegensatz zu mir steht.
  (Überlegt.) Ich würde z. B. für die Liebe nie so weit gehen wie Faust. Zu   35
  solchen Mitteln würde ich nicht greifen. Dieser ist sehr unzufrieden, was
  ich ja jetzt nicht bin und deshalb hat er durchaus seine Schwächen. So
  hat er eine spezielle Anfälligkeit für die Liebe.

6. Was fiel Ihnen leicht?
- Die Gretchentragödie in dem Stück fiel mir leichter, weil sie   40
  realitätsnäher ist. Schließlich geht es um das aktive Begehren einer Frau,
  was man aus Erfahrung kennt. (Grinst.)

7. Was fiel Ihnen schwer?
- Die Gelehrtentragödie fiel mir am schwersten bzw. die Verkörperung der
  Gelehrtentragödie. Ich stehe nicht so dahinter und fühle mich dem Faust   45
  in diesem Teil gegenüber auch entfernter. Gut, wenn man schauspielt,
  dann ist man sowieso nicht die eigene Person.

8. Wie lange haben Sie für das Stück geprobt?
- (Überlegt.) Also, das war im Juni/Juli 2006, also vor den Sommerferien

        50

bis zu der Premiere halt am 15. Oktober 2006. Wir haben ca. vier Monate
und dreimal pro Woche geprobt.

9. Welche Szenen bzw. Textstellen gefielen Ihnen in dem Stück am besten? 55
  ◆ Also mir gefielen drei Stellen am besten. Das war der Eingangsmonolog,
    die Kerkerszene und die Szene am Dom. Bei der Szene am Dom war ich
    zwar nicht auf der Bühne, aber mir gefiel sie sehr, vor allem wegen der
    Hintergrundkulisse auf der Bühne.

10. Wie lange war die Spielzeit auf der Bühne? 60
  ◆ Die Spielzeit betrug, ohne Pause, etwa zwei Stunden und 15 Minuten.

**11. Welche Elemente wurden gekürzt bzw. verändert, dazu erfunden oder
wurde alles original übernommen?**
  ◆ Zunächst wurde das Stück ja auf Niederdeutsch aufgeführt. Gekürzt
    wurde soweit nichts, bis auf ca. drei bis vier Zeilen in dem 65
    Eingangsmonolog. Das ist aber nicht besonders erwähnenswert. Es
    wurden Übergangsszenen erfunden, um das Verständnis für das
    Publikum zu erleichtern. Dabei spielte Mephisto eine Doppelrolle.
    Einerseits war er der Teufel, andererseits war er auch eine Art Moderator.
    Also er hatte z. B. einen speziellen Wendemantel an. Dieser war von der 70
    einen, äußeren Seite rot und von der inneren Seite schwarz. Trug er die
    schwarze Seite, so war er der Teufel Mephisto, trug er die rote Seite,
    dann war er der Moderator der Übergangsszenen. Zudem wurden die
    Anfangs- und Schlussszene dazu erfunden. So startet und endet das Stück
    mit einer Art Puppentheater von Mephisto. Mephisto wettet z. B. am 75
    Anfang des Stücks mit dem Herrn, dass er in zwei Stunden ein
    Theaterstück aufführen kann, in dem er es „krachen" lassen wird. Der
    Herr glaubt ihm das nicht. (Lacht.) Damit sollte auch das Publikum etwas
    aufgelockert werden. Am Schluss will sich Mephisto dann, wegen der
    verlorenen Wette davonschleichen, wird dann aber in dem Puppentheater 80
    angekettet.

12. Wie war die Interpretation des Stückes auf der Bühne?
  ◆ Also, wir wollten auf jeden Fall ein Volksstück daraus machen, das jeder
    versteht, auch ohne den Faust gelesen zu haben. Deshalb mussten wir das
    Niveau etwas herabsetzen und bauten die Übergangs- und somit 85
    Erläuterungsszenen ein. Außerdem haben wir Mephisto etwas mehr
    fluchen lassen, damit es volkstümlichere Züge bekommt. (Grinst.)

13. Ähneln sich der historische Faust und der Faust von Goethe?
  ◆ (Grübelt.) Das kann ich jetzt leider nicht so genau sagen.

14. Lassen sich Persönlichkeitsmerkmale von Goethe in dem Faust wieder 90
finden?
  ◆ (Überlegt.) Es lassen sich schon Merkmale von Goethe in dem Faust
    wieder finden, z. B. ist Faust sehr wissbegierig und hat alle vier
    klassischen Wissenschaften, Philosophie, Jura, Medizin und Theologie
    studiert, aber dennoch war er nicht mit dem Wissen zufrieden. Goethe 95
    hatte auch viel studiert, wollte aber immer mehr wissen. Außerdem hatte
    Goethe einen ziemlichen Liebesdrang und daher mehrere Frauen. Diesen
    enormen Liebesdrang hat auch Faust, in dem sich einige Züge Goethes
    wieder erkennen lassen.

15. Wie verhält sich Faust gegenüber Mephistopheles? 100
  ◆ Faust glaubt er sei der Boss und nimmt keine Rücksicht auf Mephisto, z.
    B. als dieser ihm Schmuck für Gretchen besorgen soll. Jedoch ist Faust

nicht der Boss, sondern meint es in manchen Szenen nur kurzfristig zu   105
sein.

16. Inwiefern spiegeln sich der Herr und Mephistopheles in Faust auf der Bühne wider?

+ (Überlegt.) Das weiß ich leider nicht.

17. Welche Beziehung hat Faust zu Gretchen?   110

+ (Lacht.) Na ja, er ist schon ein „geiler Sack", der die Grenzen der Legalität überschreitet. Gretchen ist erst 14 Jahre alt und Faust könnte schon fast ihr Vater sein bzw. ihr Lehrer. Ich hatte Glück, dass meine Schauspielkollegin, die Gretchen spielte, ein halbes Jahr älter war als ich. So gab es keine Probleme. Jedenfalls erreicht Faust das Ziel, dass er   115
erreichen wollte. Er wollte etwas finden, was ihn zutiefst berührt und für das er alles andere stehen und liegen lässt: „Verweile doch, du bist so schön". Gretchen schafft es, in Faust die innige Liebe zu erwecken. Er mag sie nicht nur wegen ihres Körpers, sondern es ist wirklich wahre Liebe. Zudem mag er ihre Naivität. Zugleich ist sie auch selbstbewusst.   120
Das reizt den Faust, weil sie auch nicht direkt alles von sich preisgibt und ihn erstmal zurückweist, aber dabei freundlich bleibt. Das fasziniert ihn. (Grinst.)

18. Wie benimmt sich Gretchen gegenüber Faust, was erfährt er über sie?

+ Gretchen weiß nicht, was so ein gebildeter Mann an ihr findet und ist   125
eingeschüchtert. Zudem ist sie eher schüchtern und unsicher. Später vertraut sie Faust ihre Lebensumstände an und erzählt ihm von den Todesfällen in ihrer Familie. Außerdem ist sie sehr religiös, im Gegensatz zu Faust. Daher kommt dieser in Konflikte und muss sich anstrengen, sie von seiner Ansicht zu überzeugen, was er letzten Endes so grade noch   130
schafft.

19. Was ist an Gretchens erstem großen Auftritt bemerkenswert?

+ (Überlegt.) Gretchen macht sich selber schlecht, zu Unrecht, wie ich finde. Sie hat jedoch auch Selbstbewusstsein, was durch ihren Satz: „Bin weder Fräulein weder schön, / Kann ungeleitet nach Hause gehn",   135
deutlich wird. Sie ist kurz angebunden und macht sich dadurch begehrenswert. Sie macht ein Geheimnis um sich. (Grinst.) Das fasziniert Männer. Somit ist es für Faust die Liebe auf den ersten Blick, alleine schon durch diese zwei Zeilen.

20. Welche Atmosphäre herrscht in ihrem Zimmer?   140

+ Faust ist beeindruckt durch die Schlichtheit in ihrem Zimmer. Er sieht das Schöne im Einfachen und findet diese Bescheidenheit faszinierend, obwohl er weiß, dass es auch aufgrund der Armutsverhältnisse so eingerichtet ist. Ihn überwältigen die Stille und die Gerüche. Es ist für ihn wie ein schöner Rückzugsort, was seine Liebe zu Gretchen noch   145
mehr verstärkt.

21. Wie erlebt Faust die Situation?

+ Wie gesagt, er ist überwältigt. Wir hatten auf der Bühne ein karges Bühnenbild und ich bekam die Anweisung eine Minute lang auf dem Stuhl zu verharren. Ich sollte diese Zeit auf dem Stuhl in dem Zimmer   150
genießen und das Publikum davon überzeugen, dass es der beste Ort auf der ganzen Welt ist. Ein Ort, an dem man sich am wohlsten fühlt. Dies sollte ich ohne Text voll und ganz ausspielen.

155

Mittwoch, den 09. Dezember 2009
Theater: Niederdeutsche Bühne an den Städtischen Bühnen Münster e.V.
Darsteller: Ulrich Tarner

160

2. Interview:

22. Welche Elemente der Weimarer Klassik lassen sich in dem Faust wieder finden (z. B. Tiersymbolik, Bezug zur Natur)?

   ♦ Ich würde sagen, dass man das persönliche Verderben in dem Faust   165
wieder findet, was dann zu einer moralischen Verfehlung führt.
Schließlich greift Faust zu nicht legalen Mitteln. (Überlegt.) Das ist
wirklich schwer zu sagen. Jedoch ist das Ende die logische Konsequenz
des Fehlverhaltens.

23. Gibt es spezielle Redewendungen die Faust häufig wiederholt bzw.   170
welche, die von besonderer Bedeutung sind?

   ♦ (Überrascht.) Uhh, das weiß ich nicht so genau. (Überlegt.) Jedoch
zeichnet sich Faust durch seine Sprachgewalt aus.

24. Wie war die Reaktion des Publikums?

   ♦ (Lächelt zufrieden.) Sehr gut! Das Kleine Haus der Städtischen Bühnen   175
Münster hat eine Kapazität von insgesamt 300 Plätzen. Normalerweise
haben wir eine Auslastung von ca. 75%. Der „Urfaust" war bisher unser
erfolgreichstes Stück. Wir hatten eine Auslastung von 95%, das heißt,
dass wir bis auf einen unbesetzten Sitzplatz ausverkauft waren. Somit
funktioniert der Klassiker auch im Dialekt und wir sind ja so eine Art   180
Plattform für eine kunstvolle Sprache.

25. Welche Zielgruppe spricht das Stück an bzw. könnte sich besonders in
Bezug auf den Faust angesprochen fühlen oder sich für ihn interessieren?

   ♦ Das Stück spricht eigentlich alle Altersklassen ab 18 Jahren an und
natürlich Leute mit entsprechendem Hintergrundwissen. Jedoch ist nicht   185
unbedingt ein Hintergrundwissen notwendig, um das Stück auf der
Bühne verstehen zu können.

   ♦ (Überlegt.) In Bezug auf Faust interessieren sich alle Leute, die den Faust
kennen und auch am Dialekt interessiert sind. Es müssen jetzt aber nicht
alle Niederdeutsch gelernt haben, um den Dialekt zu verstehen.   190

26. Wie haben Sie das Stück interpretiert?

   ♦ (Lacht.) Gar nicht! Ich habe es damals wohl mal in der Schule
durchgenommen und sonst habe ich mir um die Interpretation noch nicht
so viele Gedanken gemacht.

27. Wie würden Sie Fausts Charakter beschreiben?   195

   ♦ Meiner Ansicht nach befindet sich Faust in einem Wandel. Er ist ein
Mann, der von einer inneren Unruhe getrieben wird, ist strebsam und
muss trotz seines vielen Wissens erkennen, dass er die Welt nicht als
Ganzes durchschauen kann. Dies führt dazu, dass er das Leben verachtet.
Jedoch wird ihm diese Verachtung durch Gretchen genommen, weil er   200
das Schöne im Leben erkennt. So ist Faust zuerst wie ein Kind
anzusehen, das unzufrieden und alleine ist. Dann entwickelt Faust, als er
Gretchen sieht, zuerst nur Interessen rein sexueller Natur, weil er
denkt: „Hey, die muss ich haben!". Dies ändert sich jedoch und er
erkennt die wahren bzw. wichtigeren Werte der Liebe.   205

19

28. Welche Stimmung verkörperte der Kleidungsstil Fausts?

- Also, ich trug die ganze Zeit das Selbe. Es war zuerst ein eher   210
  verlottertes Aussehen. Ich trug ein Hemd, mit weißen Ärmeln und
  Rüschen. Faust wirkte somit erst ungeordnet und ungepflegt, weil er
  nicht viel Wert auf sein Äußeres legte. Im Verlauf des Stücks trug er dann
  zwar immer noch das Selbe, aber es wirkte dann gepflegter und adrett,
  wie es auch der schicke Mantel verdeutlichte.   215

29. Was fällt an Fausts Verhalten bzw. Handlung auf?

- Er kommt von dem rationalen Denken weg und nimmt emotionale Züge
  an. Er wird z.B. aufbrausend und impulsiv. Für mich ist er jedoch immer
  ein rationaler Denker gewesen. Schließlich dachte Faust ja, dass er bei
  der Wette gewinnt, denn sonst hätte er sich erst gar nicht darauf   220
  eingelassen. Er hatte alles also schon gut durchdacht und war sich sicher,
  in dem was er tat.
- Er wird mehr und mehr menschlich und ich mochte ihn dann
  irgendwann, im Verlauf der Handlung, weil ich mich besser in ihn
  hineinversetzten konnte, aufgrund dieser emotionalen Züge.   225

**30. Wie ist die Gefühlsänderung bzw. die abweisende Haltung Fausts in der
Kerkerszene zu deuten?**

- (Überlegt.) Faust will in der letzten Szene Gretchen retten und er hat sie
  bereits mindestens neun Monate lang nicht gesehen. Als er sie dann im
  Kerker sieht ist er von ihrem Zustand total geschockt und völlig entsetzt.   230
  Ich denke, dass er deshalb etwas abweisend reagiert, als ihn Gretchen
  küssen will. Schließlich sagt Gretchen dann auch: „Weh! Deine Lippen
  sind kalt! Todt! Antworten nicht!". Faust ist schließlich wegen dem
  „wirren Zeug" überfordert und fertig mit den Nerven. Jedoch ändert sich
  an seiner Liebe zu ihr nichts und ich denke, dass er Angst vor dem   235
  Unbekannten hat. Also, vor der ihm unbekannten Seite Gretchens.

**31. Inwiefern lassen sich Fausts Handlungen auf die Realität übertragen
bzw. gibt es realitätsnahe Reaktionen, die sich auch auf die Allgemeinheit
übertragen lassen?**

- (Überlegt.) Ich denke, diese Sehnsucht nach Liebe, das von Liebe erfüllte   240
  Handeln. In dem Faust ist es z. B. so, dass er durch den „Liebestrunk"
  heimlich mit Gretchen die Liebe ausüben will. Schließlich soll das
  niemand mitbekommen und heutzutage ist das, vor allem in jungen
  Jahren auch nicht anders. (Ernst.) Jedoch gehören auch die
  Selbstmordgedanken zu diesen Grundgefühlen, die meiner Ansicht nach   245
  jeder mal hat oder gehabt hat. Faust will sich schließlich zu Beginn auch
  das Leben nehmen, weil er nicht mehr alleine aus diesem tiefen Loch
  herauskommt. Durch Gretchen wird er erst aus diesem „Loch" geholt.

32. Was hätten Sie anders gemacht?

- Ich hätte das Ende anders gemacht. Auf der Bühne ruft Gretchen   250
  zweimal, zum letzten Mal: „Heinrich! Heinrich!", und Mephisto flieht.
  Dann kommt Gott und erwischt Mephisto. Er steckt ihn zurück in das
  Puppentheater und bekommt somit seine Strafe. Meiner Meinung nach
  ist dieses Ende zu harmonisch. (Grinst.) Gut, wir mussten es so machen,
  weil wir hatten halt auch Kinder im Publikum und das Publikum ist eher   255
  ein harmonisches Ende gewöhnt, wie bei Komödien. Sonst wäre es für
  sie zu „krass" gewesen.

33. Gibt es Auffälligkeiten bei der Darstellung (z. B. bei der Hintergrundkulisse) bzw. gibt es bestimmte Besonderheiten?

♦ Unsere Hintergrundkulisse war sehr karg, aufgrund der schnellen Schauplatzwechsel. Wir hatten also einzelne, im Rundkreis stehende Pfeiler und nur zwei Tische. Mit der Beleuchtung haben wir dann die 265 Innen- und Außenszenen dargestellt. So hatten wir z. B. ein grünes Licht für die Außenszene, ein trübes Licht für das Studierzimmer von Faust und ein helles Licht für Gretchens Haus. Wir wollten, dass sich das Publikum auf die Handlung fokussiert und sich nicht von enorm aufwendigen Hintergrundkulissen ablenken lässt. Später bauten wir sogar 270 noch einen zweiten Vorhang ein, damit Mephisto nicht immer den großen Vorhang beim Szenenwechsel auf und zu ziehen musste. Durch einen kleineren, hinter den Hauptvorhang gesetzten Vorhang war es uns möglich, dass wir schnell die Schauplätze umbauen konnten, so dass es nicht das Publikum störte bzw. sehen musste. 275

34. Welche Punkte sehen Sie in dem Stück auf der Bühne als kritisch an?

♦ (Überlegt.) Als kritisch? Nein, da gibt es keine.

35. Wobei gab es Ihrer Meinung nach Probleme bei der Umsetzung, das Stück auf der Bühne vorzuführen?

♦ Es war schwierig zu inszenieren, aufgrund der Sache mit dem Vorhang. 280 Schließlich hatten wir erst nur mit dem großen Hauptvorhang von August bis September gearbeitet, bis wir dann endlich auf die Idee mit dem Zwischenvorhang kamen. (Grinst.) Außerdem konnten wir nicht noch den Mord an Valentin, dem Bruder von Gretchen darstellen, wegen der Kinder im Publikum. 285

36. Würden Sie, wenn Sie sich noch einmal entscheiden müssten, wieder bei dem Stück mitspielen wollen?

♦ (Lacht.) Sofort! Ja klar, ich würde sofort noch mal mitspielen!

290

295

_____   _____
Darsteller: Ulrich Tarner   Interviewerin: Lisa Tretow

6.2 Internetausdrucke   300
(Chronologisch geordnet)

♦ **Quelle 1):**

Samstag, den 31. Oktober 2009, 15:41 Uhr
http://de.wikipedia.org/wiki/Faust._Eine_Trag%C3%B6die.   305

Faust. Eine Tragödie.
aus Wikipedia, der freien Enzyklopädie
Faust. Eine Tragödie. (auch Faust. Der Tragödie erster Teil oder kurz Faust I), ist eine Tragödie von Johann Wolfgang Goethe, die 1808 veröffentlicht 310 wurde. Das Werk gilt als eines der bedeutendsten und meistzitierten der

21

deutschen Literatur und der Fausttradition selbst. Das Drama greift die vielfach
von anderen Autoren gestaltete Geschichte des historischen Doktor Faustus auf   315
und weitet sie im Faust II zu einer Menschheits-Parabel aus.

Inhalt

Ort und Zeit

Die Handlung spielt zu Lebzeiten des historischen Faust (ca. 1480–1538), also
während der Wende vom Mittelalter zur Neuzeit. Die Handlungsorte liegen im   320
heutigen Deutschland, beispielsweise sind es Leipzig oder der Harz.

Die Handlung in Kürze

Heinrich Faust, ein angesehener Forscher und Lehrer, zieht die Bilanz seines
Lebens und kommt zu einem doppelt niederschmetternden Fazit: Als
Wissenschaftler fehle es ihm an tiefer Einsicht und brauchbaren Ergebnissen,   325
und als Mensch sei er unfähig, das Leben in seiner Fülle zu genießen. In dieser
verzweifelten Lage verspricht er dem Teufel seine Seele, wenn es diesem
gelingen sollte, ihn aus seiner Unzufriedenheit und Ruhelosigkeit zu befreien.
Der nimmt Faust mit auf eine Reise durch die Welt, verschafft ihm Einblick in
Räusche und Lustbarkeiten und verstrickt ihn in die dann tragisch verlaufende   330
Liebschaft mit der jungen Margarete, genannt Gretchen.

Personen

- *Direktor*, ein Theaterdirektor (nur im *Vorspiel auf dem Theater*)
- *Dichter*, der Dichter eines Theaterstücks (nur im *Vorspiel auf dem
  Theater*)   335
- *Lustige Person*, ein Schauspieler (nur im *Vorspiel auf dem Theater*)
- die drei Erzengel *Raphael*, *Gabriel* und *Michael*
- *Der Herr*
- *Mephistopheles* ein Teufel (oft zu *Mephisto* abgekürzt)
- *Heinrich Faust*, ein Gelehrter   340
- *Erdgeist*, wird von Faust beschworen
- *Wagner*, Fausts Famulus
- *Schüler*, der bei Faust studieren will
- *Hexe*, in Diensten Mephistos
- *Margarete*, genannt *Gretchen*, ein junges Mädchen, Fausts Geliebte   345
- *Marthe*, Gretchens Nachbarin
- *Lieschen*, Gretchens Bekanntschaft
- *Valentin*, Gretchens Bruder

ferner: *Chor der Engel, Chor der Weiber, Chor der Jünger, Spaziergänger aller
Art, Bauern, Geister, Lustige Gesellen, Hexentiere, Böser Geist,*   350
Walpurgisnacht-Figuren, Stimme von oben, ein Pudel
[…]

- **Quelle 2):**   355
  Montag, den 02. November 2009, 21:55 Uhr
  http://www.cdrnet.net/kb/data/DE_Goethe.asp

- **Quelle 3):**
  Dienstag, den 10. November 2009, 17:12 Uhr   515
  http://www.schoolwork.de/faust/margarete_fragen.php

- **Quelle 4):**
  Dienstag, den 05. Januar 2010, 17:29 Uhr
  http://www.kulturexpress.de/817.htm   560

- **Quelle 5):**
  Dienstag, den 05. Januar 2010, 18:44 Uhr   690
  http://images.google.de/imgres?
  imgurl=http://www.muenster.de/stadt/theater/presse/faustnb_q2m.jpg&imgrefurl
  =http://www.muenster.de/stadt/theater/presse_37499.htm&usg=__xN1kMab1Ac
  ohvmJ6uziMllVXbk=&h=200&w=300&sz=18&hl=de&start=24&tbnid=CpB5y
  WsPLqA39M:&tbnh=7   695

  Theaterbild der Niederdeutschen Bühne an Städtischen Bühnen Münster e. V.

  Bild: (links) Peter Josef Oechsner (Mephistopheles), (rechts) Ulrich Tarner
  (Faust), (ganz rechts) Margarethe Köckemann (Margarethe)   700

- **Quelle 6):**
  Dienstag, den 26. Januar 2010, 13:05 Uhr
  http://www.pohlw.de/literatur/epochen/stdrang.htm   705

795

- **Quelle 7):**
  Dienstag, den 26. Januar 2010, 14:15 Uhr
  http://www.pohlw.de/literatur/epochen/klassik.htm

800

- **Quelle 8):**
  Dienstag, den 26. Januar 2010, 14:32 Uhr
  http://www.pohlw.de/literatur/epochen/moderne.htm

905

- **Quelle 9):**

Dienstag, den 26. Januar 2010, 14:35 Uhr
http://www.literaturwelt.com/epochen/aufklaerung.html#drama

- **Quelle 10):**

Dienstag, den 26. Januar 2010, 14:45 Uhr
http://de.wikipedia.org/wiki/Zeitalter_der_Aufkl%C3%A4rung

[...]
Allgemeine Charakteristika
Der wichtigste Grundsatz der Aufklärung besagte, dass die Vernunft im Stande sei, die Wahrheit ans Licht zu bringen.
[...]
Die Menschen der Aufklärung beflügelte der Glaube, Vernunft und Freiheit würden die Menschheit in absehbarer Zeit von Unterdrückung und Armut erlösen. Auch glaubten viele an den Slogan „Wissen ist Macht" von Francis Bacon.
[...]
Die Aufklärung war vor allem Sache der Wohlhabenden, namentlich des ökonomisch erfolgreichen Bürgertums. Manche Aristokraten sympathisierten mit der Bewegung und unterstützten in juristische oder finanzielle Bedrängnis

geratene Aufklärer. 990
[...]
Auf den Rationalismus des späteren 17. Jahrhunderts folgte nach dem Tod des
Sonnenkönigs die Empfindsamkeit. Später entwickelte sich aus der
Gefühlskultur die Romantik, die Individualität und subjektive Erfahrung betonte
und die Menschen in einer Welt, in der Werte und Regeln einzig nach Kriterien 995
der Vernunft bestimmt wurden, als Gefangene sah.
Im Bereich der damaligen deutschsprachigen Literatur findet sich mit dem
„Sturm und Drang" eine weitere Gegenbewegung zur Aufklärung. In dieser, u. a.
von Johann Wolfgang Goethe und Friedrich Schiller vertretenen, literarischen
Epoche wurde die „althergebrachte" Gesellschaft zwar auch kritisiert, allerdings 1000
wurde anstelle der Vernunft das leidenschaftliche „Genie" besonders betont.
[...]

Typische Merkmale der Aufklärung

Das logische und eigenständige Denken, der Rationalismus, begründete die
Aufklärung. Zunächst war er auf eine Stärkung des Staats ausgerichtet und hatte 1005
religionskritische Züge. Bald wendete sich die Kritik jedoch auch gegen die
weltlichen Herrscher. Kritisches Fragen, Denken und Zweifeln gegenüber der
Religion und dem Absolutismus wurden zur Tugend: „Zweifle an allem
wenigstens einmal, und wäre es auch der Satz *zwei mal zwei ist vier*"
(Lichtenberg, deutscher Schriftsteller: *Aphorismen*). 1010
Eine weitere Forderung war die Toleranz gegenüber allen Religionen. Die
europäischen Christen lernten viele andere Weltreligionen erst während der
Aufklärung kennen. Das Wissen über das Vorhandensein anderer Hochkulturen
und Weltreligionen forderte ein hohes Maß an Toleranz und Humanismus von
den Europäern. 1015
Im Vergleich zur Epoche des Barock fand ein grundsätzliches Umdenken
bezüglich Vanitas und Jenseitsbezogenheit statt. Die Konzentration auf ein
Leben nach dem Tod wandelte sich in eine starke Diesseitsbezogenheit.
Durch ökonomische Veränderungen wie beispielsweise die Entwicklung des
Manufakturwesens, die das Bürgertum zur wirtschaftlich bedeutendsten Schicht 1020
machten, erlangte das Bürgertum ein neues Selbstbewusstsein und
Selbstwertgefühl. Einerseits stieg die Bedeutung der Erkenntnis aus
Sinneswahrnehmungen (Empirismus), andererseits wuchs die Relevanz der im
Verstand gegründeten Denkfähigkeit. Weisheit und Intellekt wurden zur Tugend
für jeden Bürger. Diese Tugend und ihre Förderung wurden zum Hauptziel der 1025
Epoche. Der menschliche Verstand ist ein Instrument der Wahrnehmung. Für die
Literatur galten Freiheit und Autonomie. Sie sollte nicht mehr im Dienst des
Klerus oder der Aristokratie stehen.
Zahlreiche Wandlungen bestimmten die Epoche: Freiheit statt Absolutismus,
Gleichheit anstelle einer Ständeordnung, wissenschaftliche Erkenntnisse 1030
ersetzten alte Vorurteile und Toleranz trat an die Stelle des alten Dogmatismus.
Es wurde davon ausgegangen, dass "der Mensch von Natur aus gut" ist, "man
muss es ihm nur zeigen."
Mit dem steigenden Interesse an der Wissenschaft und der Welt, die sich auf
horizontaler Ebene abspielt, begann sich der Mensch fast schon über die Natur 1035
zu setzen. Eine zunehmende Technisierung der Gesellschaft, die sich in der
heutigen Zeit zeigt, kann als ein Nachteil der aufklärerischen Ideologien
betrachtet werden. Eine Begründerin dieser Grundgedanken war Simone de
Beauvoir. [...]

1040

+ **Quelle 11):**
Dienstag, den 26. Januar 2010, 15:46 Uhr
http://de.wikipedia.org/wiki/Empfindsamkeit

1045

Empfindsamkeit

Empfindsamkeit bezeichnet eine Tendenz der europäischen Aufklärung. Sie
reicht etwa von 1720 bis zur Französischen Revolution, in Frankreich und
England tritt sie bereits ab etwa 1700 auf.

Ursprünge   1050

Die Empfindsamkeit hängt mit dem Ende des französischen Rationalismus nach
dem Tode von Ludwig XIV. zusammen und wendet sich gegen eine strikt
vernunftorientierte Lebensweise, wie sie bei der Disziplinierung und
Zivilisierung der europäischen Gesellschaft in der Zeit des Absolutismus
aufkam. Das deutsche „Zeitalter der Aufklärung" begann erst, als das   1055
französische „Zeitalter der Vernunft" durch sozialkritische und emanzipatorische
Tendenzen ergänzt oder in Frage gestellt wurde. Es fällt daher ungefähr mit der
„Epoche der Empfindsamkeit" oder dem Rokoko zusammen.

Der Ursprung der Empfindsamkeit ist größtenteils religiös. Die emotional
gefärbten Texte zu den Oratorien von Johann Sebastian Bach sind typische   1060
Beispiele. Die Empfindsamkeit wird auch als säkularisierter Pietismus gedeutet,
weil sie häufig mit moralisierenden Inhalten zusammenhängt, die sich allerdings
zunehmend von kirchlichen und auch von religiösen Vorgaben lösen. Ein
wichtiger Theoretiker war Jean-Baptiste Dubos.

Charakteristik   1065

Nach Auffassung der Empfindsamkeit ist das überschwängliche Gefühl kein
Makel für den, der es hat, sondern zeichnet ihn als sittlichen Menschen aus. Der
Betonung der Öffentlichkeit im Absolutismus setzte die Empfindsamkeit eine
Betonung des Privatlebens entgegen. Ausgehend vom religiös motivierten
Mitleid, weitete sie sich bald auf andere Empfindungen aus. Das Motiv der   1070
sinnlichen Liebe wurde zum Beispiel nicht mehr als zerstörerische Leidenschaft
(Vanitas), sondern im Gegenteil als Grundlage sozialer Institutionen verstanden,
wie etwa bei Antoine Houdar de la Motte. Die geglückte Liebe wurde in der
ernsten Oper (Tragédie lyrique oder Opera seria) etwa zum Symbol für einen
geglückten Staatenbund. Auch die Lesesucht wurde gesellschaftsfähig, und der   1075
Roman wurde als Literaturgattung gegenüber dem Drama erheblich aufgewertet.
Um die Jahrhundertmitte entdeckte Jean-Jacques Rousseau in seinem
Briefroman Julie ou la nouvelle Héloïse (1761) eine „unberührte" Natur als
Gegenbild zur (höfischen) Zivilisation. Auch dessen Vorläufer, der sentimentale
Briefroman *Pamela oder die belohnte Tugend* (1740) von Samuel Richardson   1080
hatte mit seinen sozialkritischen Tendenzen großen literarischen Einfluss.

Deutsche Empfindsamkeit

[...]

Der Einfluss der Empfindsamkeit zeigt sich noch in Goethes Jugendwerk *Die
Leiden des jungen Werthers* (1774), einem Hauptwerk des Sturm und Drang. Der   1085
Roman ist der literarische Höhepunkt des "Zeitalter der Empfindlichkeit"
(Renate Krüger) und der Beginn ihres Rückganges als Kunstepoche (Goethe in
"Dichtung und Wahrheit").

Nachwirkungen

Die religiöse Empfindsamkeit wurde etwa bei François-René de Chateaubriand   1090
zu einer Inspiration der Romantik. In der populären Literatur hat die

Empfindsamkeit bis weit ins 19. Jahrhundert hinein eine Rolle gespielt, bis hin zu Fortsetzungsromanen in Zeitschriften wie der *Gartenlaube*. Auf dem Theater ist das Rührstück aus der Empfindsamkeit hervorgegangen.

+ **Quelle 12):**
  Dienstag, den 26. Januar 2010, 15:50 Uhr
  http://www.literaturwelt.com/epochen/empfind.html#dichtung

+ **Quelle 13):**
  Sonntag, den 31. Januar 2010, 17:45 Uhr
  http://www.klassiker-derweltliteratur.de/prinz_friedrich_von_homburg.htm

- **Quelle 14):**
  Donnerstag, den 04. Februar 2010, 15:05 Uhr
  http://www.dradio.de/dlf/sendungen/buechermarkt/165786/

- **Quelle 15):**
  Mittwoch, den 03. Februar 2010, 19:04 Uhr
  http://de.wikipedia.org/wiki/Historia_von_D._Johann_Fausten

Fauststoff

(Weitergeleitet von Historia von D. Johann Fausten)
Der **Fauststoff**, die Geschichte des *Doktor Johannes Faustus* und seinen Pakt
mit Mephistopheles, gehört zu den am meisten verbreiteten Stoffen in der
europäischen Literatur seit dem 16. Jahrhundert. Das lückenhafte Wissen über
den historischen Johann Faust (wohl etwa 1480–1540) und sein spektakuläres
Ende begünstigten Legendenbildungen und ließ Schriftstellern, die sich mit
seinem Leben befassten, einigen Spielraum. Eigenschaften des Fauststoffs, die in

den unterschiedlichsten Versionen wiederkehren, sind Fausts Erkenntnis- oder Machtstreben, sein Teufelspakt und seine erotischen Ambitionen.

Während sich in der Populärkultur ältere Vorstellungen von Faust als Narr und Scharlatan hielten, geschah seit dem 18. Jahrhundert eine literarische Aufwertung des Fauststoffs. Der menschliche Zwiespalt zwischen der Kraft des Glaubens und der Sicherheit wissenschaftlicher Erkenntnis wurde zu einem Hauptthema. Faust ist der über seine Grenzen hinaus strebende Mensch, der im Konflikt zwischen egozentrischer Selbstverwirklichung und sozialer Anerkennung steht.

[...]

1808 erschien Goethes *Faust. Der Tragödie erster Teil*. Goethe versuchte, dem Stoff seinen Pessimismus zu nehmen. Er gab seinem Faust ein zaghaft hoffnungsvolles Ende, ohne sich dem Religiösen unterzuordnen. Dieses Werk wurde zum wichtigsten der gesamten Faustdichtung. Der 1832 veröffentlichte zweite Teil ist eher ein kulturkritischer Essay als ein Bühnenstück. Goethe beschäftigte sich insgesamt fast 60 Jahre lang mit dem Fauststoff. Er stellte Faust als Renaissancemenschen und Humanisten dar, als einen modernen Intellektuellen, der sich aus kirchlicher Bevormundung befreit hat. Seine Faustbearbeitungen konzentrieren sich auf Fausts Wunsch nach Erkenntnis und Erfahrungsvielfalt („Daß ich erkenne, was die Welt/ im Innersten zusammenhält." *Faust I*, V. 382/383). Die Gelehrtentragödie gelangt zu einem Höhepunkt, als Faust sich eingestehen muss, die von ihm gewünschte Welterkenntnis aus eigener Kraft nicht erlangen zu können. Goethe rechtfertigte damit den Teufelspakt durch eine nicht grundsätzlich verwerfliche Gesinnung. Schon Lessing bezeichnete die Wissbegier als den edelsten Trieb des Menschen. Außerdem verband Goethe Fausts Suche nach Erkenntnis mit der Gretchentragödie. Gretchen, die von Faust Verführte, wird zur Personifikation der ihm gegenübergestellten reinen Unschuld („Über die hab ich keine Gewalt", V. 2626).

- **Quelle 16):**
  Donnerstag, den 04. Februar 2010, 17:19 Uhr
  http://referateguru.heim.at/Faust.htm

♦ **Quelle 17):**

Freitag, den 05. Februar 2010, 18.00 Uhr

http://de.wikipedia.org/wiki/Aus_meinem_Leben._Dichtung_und_Wahrheit   1380

Frankfurt am Main

· ab 1749 (1,1)

Am 28. August 1749, mittags mit dem Glockenschlage zwölf, kam ich in
Frankfurt am Main auf die Welt. Die Konstellation war glücklich... beginnt
Goethe und erzählt vom Vaterhaus am Hirschgraben. Wolfgangs Vater hat eine   1385
Vorliebe für die italienische Sprache. Die gute Großmutter schenkt dem kleinen
Wolfgang und seiner Schwester Cornelia, die nur ein Jahr weniger zählt, zu
Weihnachten ein Puppenspiel. Nachdem die Großmutter verstorben ist, lässt der
Vater das Haus gründlich umbauen. Hatte der Vater seine beiden Kinder bisher
selber unterrichtet, muss er sie des Umbaus wegen – ungern nur – in eine   1390
öffentliche Schule schicken.
[...]

· 1756 (1,2) Der neue Paris. Knabenmärchen

Am Zwinger hin, dort zwischen Nußbäumen, steinerner Tafel mit verzierter
Einfassung und Brunnen, an der Schlimmen Mauer, tritt Wolfgang durch eine   1395
Pforte und trifft in einem mit Partisanen bewehrten Zaubergarten auf die
Königin der Amazonen. Heerführer Wolfgang und die Königin lassen zwei
Heere gegeneinander kämpfen. Winzige Soldaten feuern wohlpolierte
Achatkugeln aus Geschütz aufeinander ab. Es sind nicht einfach flache
Bleisoldaten, sondern runde und körperliche, ganz ohne ein Fußbrettchen.   1400
Wolfgang siegt und erhält von der Gegnerin eine Ohrfeige. Wolfgang fasst sie

42

35

bei den Ohren und küsst sie zu wiederholten Malen. Der Boden unter Wolfgang fängt an zu beben und zu rasseln. Die Partisanen zerschlitzen ihm schon die Kleider. Er erholt sich von seinem Schrecken am Fuß einer Linde. Da ist noch 1405
ein Alter, der Wolfgang durch den Zaubergarten begleitet und trotzig fragt: Wer bist denn du? Wolfgang erwidert: Ein Liebling der Götter.

Das Märchen findet unter Wolfgangs Gespielen großen Beifall. Die Gespielen überzeugen sich jeder für sich von der Entfernung der Nussbäume, der Tafel und des Brunnens voneinander. Die Eindrücke variieren. Und so gaben die Gespielen 1410
Wolfgang ein frühes Beispiel, wie die Menschen von einer ganz einfachen und leicht zu erörternden Sache die widersprechendsten Ansichten haben und behaupten können.

Der Knabe Wolfgang übt sich im Stoizismus; in den Duldungen körperlicher Leiden. Mißwollende Knaben peitschen Wolfgangs Beine und Waden auf das 1415
grausamste. Wolfgang, immer noch Stoiker, rührt sich nicht, doch dann greift er an; stößt seine Peiniger wiederholt mit den Köpfen zusammen. Stoisch reagiert Wolfgang, als böse Buben seine Vorfahren in Misskredit bringen: Das Leben ist so hübsch, daß man völlig für gleichgültig achten kann, wem man es zu verdanken hat. 1420

Der Vater erzieht Wolfgangs Schwester Cornelia musisch und sucht Wolfgangs Gabe etwas zu fassen und zu kombinieren, auf juristische Gegenstände zu lenken.

[...]

· 1763 (1,4) 1425

[...] Doch, so stellt sich heraus, der Empfohlene war einer der Schlimmsten, und bewarb sich um jenes Amt hauptsächlich, um gewisse Bubenstücke unternehmen oder bedecken zu können. Der Coup fliegt auf. Dabei war Wolfgang doch gewarnt. Und zwar von seiner ersten Liebe – Gretchen sagt zu Wolfgang: Ich habe widerstanden und den ersten Brief nicht abgeschrieben, wie man von mir 1430
verlangte. Wolfgang wird bestraft – Gretchen wird der Stadt verwiesen. Obwohl das Wolfgang wurmt, findet er sich damit ab, denn Gretchen wurde in dem Fall Wolfgang vernommen und gab zu den Akten: Ich kann es nicht leugnen, daß ich ihn oft und gern gesehen habe; aber ich habe ihn immer als ein Kind betrachtet. Wolfgang findet es schrecklich, daß er um eines Mädchens willen Schlaf und 1435
Ruhe und Gesundheit aufgeopfert hatte, die sich darin gefiel, ihn als einen Säugling zu betrachten und sich höchst ammenhaft weise gegen ihn zu dünken.

[...]

Leipzig
· ab 1765 (2,6) 1440

Zu Michaelis reist Wolfgang über Hanau, Gelnhausen und Auerstedt nach Leipzig. Bei Auerstedt bleibt der Wagen stecken. Wolfgang strengt sich mit Eifer an und dehnt sich dadurch die Bänder der Brust übermäßig aus. Er empfindet bald nachher einen Schmerz, der ihn erst nach vielen Jahren völlig verlässt. In Leipzig bezieht Wolfgang Quartier bei einer alten Wirtin. Sein Stubennachbar ist 1445
ein armer Theologe. Wolfgang besucht die Leipziger Herbstmesse mit ihren Buden und mustert die Bewohner der östlichen Gegenden in ihren seltsamen Kleidern. Er möchte die schönen Wissenschaften studieren. Das macht er seinem künftigen Lehrer in dessen Wohnung beim Antrittsbesuch klar. Der Professor hält aus dem Stegreif eine gewaltige Strafpredigt. Wolfgang geht später noch 1450
einmal zur Gattin des Professors. Die bringt ihn unter vier Augen zur Vernunft.

Beide finden einen Kompromiss. Die Professorsgattin redet dem Professor ein: Gellerts Literaturgeschichte darf Wolfgang hören und sein Praktikum   1455
frequentieren. Wolfgang verehrt Gellert.
Die Leipziger Damen tadeln, dass Wolfgang wie aus einer fremden Welt
hereingeschneit aussehe. Goethe gibt freimütig zu: Ich war vom Hause freilich
etwas wunderlich equipiert auf die Akademie gelangt.
[...]   1460
Goethe schildert einen Besuch bei Gottsched: Der große, breite, riesenhafte
Mann, kam in einem gründamastnen, mit rotem Taft gefütterten Schlafrock zur
Türe herein; aber sein ungeheures Haupt war kahl. Der Bediente sprang mit
einer großen Allongeperücke auf der Hand zu einer Seitentüre herein und reichte
den Hauptschmuck seinem Herrn mit erschrockner Gebärde. Gottsched, ohne   1465
den mindesten Verdruß zu äußern, hob mit der linken Hand die Perücke von dem
Arme des Dieners, und indem er sie sehr geschickt auf den Kopf schwang, gab
er mit seiner rechten Tatze dem armen Menschen eine Ohrfeige, so daß dieser,
wie es im Lustspiel zu geschehen pflegt, sich zur Türe hinaus wirbelte.
Wolfgang findet Klopstocks Messias in Leipzig nun mittlerweile nicht mehr so   1470
lobenswert wie in Frankfurt, sondern eher ungenießbar.

- **Quelle 18):**
    Samstag, den 03. April 2010   1475
    Frankfurter Allgemeine Zeitung
    - Frankfurter Anthologie
    Redaktion Marcel Reich-Ranicki
    Hans Christoph Buch
    - Rainer Maria Rilke: „Die Gedichte". Insel Verlag, Frankfurt am Main und   1480
      Leipzig 2009. 1136 S., geb., 18,80 €.

Kleine Hommage an Effie Briest

Nur wenigen Dichtern ist es gelungen, Frauengestalten zu schaffen, die mehr   1485
sind als totes Papier: in sich widersprüchliche weibliche Wesen aus Fleisch und
Blut wie Goethes Gretchen zum Beispiel, deren Schicksal uns tiefer berührt als
das der Jungfrau Orlßéans, eine Kopfgeburt Schillers, die kaum Eigenleben
gewinnt, oder Fontanes Effi Briest, die für das hier abgedruckte Damenbildnis
Modell gestanden haben könnte. [..]   1490

      1495

      1500